# Was ich an dir liebe, Opa

# Was ich an dir liebe, Opa

riva

**Bibliografische Information der Deutschen Nationalbibliothek:**
Die Deutsche Nationalbibliothek verzeichnet diese Publikation in der Deutschen Nationalbibliografie; detaillierte bibliografische Daten sind im Internet über http://d-nb.de abrufbar.

**Für Fragen und Anregungen:**
info@rivaverlag.de

2. Auflage 2018


Nymphenburger Straße 86
D-80636 München
Tel.: 089 651285-0
Fax: 089 652096



Umschlaggestaltung: Melanie Melzer, Laura Osswald
Umschlagabbildung: Shutterstock/RoyStudioEU
Bilder Innenteil: Melanie Melzer, Shutterstock/RoyStudioEU
Satz: Satzwerk Huber, Germering
Druck: GGP Media GmbH, Pößneck
Printed in Germany

ISBN Print: 978-3-86883-963-0

*Großeltern haben immer Zeit für dich,*
*wenn der Rest der Welt beschäftigt ist.*

(frei nach Daniel Sanders)

Ein Opa ist eine wundervolle Erfindung. Er ist der erste Freund, den ein Kind hat – er kann alles, er weiß alles und alleine schon deswegen traut man ihm zu, dass er wissen könnte, wie man dieses Leben einigermaßen hinbekommt. Von ihm gibt es Bonbons statt Puffreis und anerkennendes Schulterklopfen, ein Lob, das doppelt wiegt. Er nimmt dich augenzwinkernd in Schutz, wenn du etwas ausgefressen hast, er ist parteiisch, aber gerecht, und er hat zwar keine Ahnung von Pädagogik, sagt aber trotzdem immer das Richtige. Was ein Opa kann, kann nur ein Opa und nichts kann ihn ersetzen. Es gibt eine besondere Verbindung zwischen einem Großvater und seinen Enkeln. Er ist der Beste und ist es schon immer gewesen. Sag ihm das.

Lieber Opa,

manchmal glaube ich, du weißt gar nicht, wie wichtig du in meinem Leben bist. Es gibt so viele Dinge, für die ich mich noch nie bedankt habe und es gibt so viele Gründe, dich hochleben zu lassen, hier sind nur einige davon.

Dieses Buch wird ausgefüllt von

für

Ich bin geboren am: ______________________________

Du bist geboren am: ______________________________

Uns trennen also ______________________________ Jahre!

Trotzdem: ______________________________

______________________________

Mama/Papa hat erzählt, dass du auf meine Ankunft so reagiert hast:

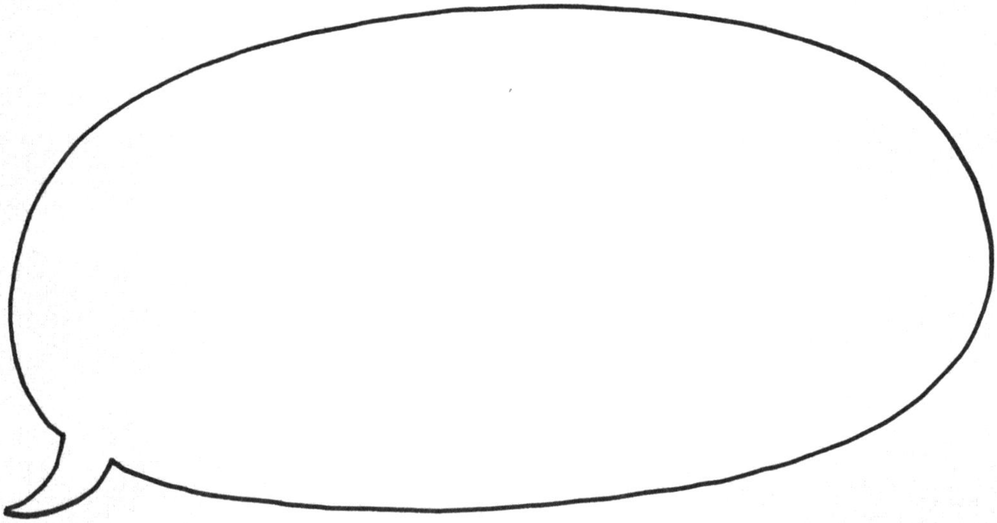

Ich habe dich schon immer so genannt:

______________________________

Und du nennst mich:

______________________________

× Das erste Foto, auf dem wir beide zusammen drauf sind, lieber Opa, ist das hier:

× Damals war ich (ungefähr) so alt: ____________________

× Das war hier (Ort): ____________________

× Mit dabei war/waren:

____________________

Du siehst darauf so

____________________ aus.

Mir gefällt es so gut, weil ____________________

____________________

Ich bin dein/e ______________ -te/r Enkel/in und ich finde, du machst diese Opa-Sache:

- [ ] *spitzenmäßig*
- [ ] *hervorragend*
- [ ] *bombastisch*
- [ ] *alles davon*

Du hast viel Wert darauf gelegt, dass ich __________
______________________________________________ esse.

Ohne dich, lieber Opa, wäre meine Kindheit viel
___________________________________________ gewesen.

Opa-Geruch riecht so gut nach:

- ______________________________
- ______________________________
- ______________________________

Ich bin so froh, dass du mein Opa bist und nicht
______________________________________________
______________________________________________

Als Kind warst du bestimmt sehr:
______________________________________________
______________________________________________

Drei Sätze, mit denen man jemandem, der keinen Opa hat, begreiflich machen könnte, was es heißt, einen zu haben:

- Wer einen Opa hat, ______________________________
______________________________________________
- Wer einen Opa hat, ______________________________
______________________________________________
- Wer einen Opa hat, ______________________________
______________________________________________

**Meine Oscar-Dankesrede an dich:**

»Liebe Anwesende, wir haben uns hier versammelt, um einem ganz besonderen Opa zu danken. Und zwar für

______________________________________________

______________________________________________

______________________________________________

______________________________________________

______________________________________________.

Danke!«

Ich stelle mir vor, dass du als junger Mann so gewesen bist:

______________________________________________

______________________________________________

______________________________________________

______________________________________________

Dieses Kleidungsstück bringe ich immer mit dir in Verbindung:

Etwas, das andere Opas tun, du aber Gott sei Dank nicht:

________________________________________

________________________________________

Müsste ich mir selbst einen Opa aussuchen, ich würde:

- ☐ *Meister Eder*
- ☐ *Käpt'n Blaubär*
- ☐ *Dieter Hallervorden*
- ☐ *Joachim Gauck*
- ☐ *immer dich aussuchen*

Du bist der, der mir sagen darf, wenn ich mich mal verfranze. Zum Beispiel, als ich

________________________________________

________________________________________

________________________________________

Welcher Berühmtheit du ähnelst:

- ☐ *Loriot*
- ☐ *Dalai Lama*
- ☐ *Albert Einstein*
- ☐ *Helmut Kohl*
- ☐ ________________________________

**Opa, du bist:**

- ☐ Der Beste
- ☐ Ganz ok
- ☐ ______________________________

**In diesen Dingen bist du wie ein Freund für mich:**

______________________________

______________________________

______________________________

**Und das ist an dir noch besser als an einem Freund:**

______________________________

______________________________

______________________________

**So einen Opa wie dich gibt's**

- ☐ an jeder Straßenecke
- ☐ im Zehnerpack
- ☐ kein zweites Mal

**Wärst du Lehrer geworden, dann hätten alle deine Schüler bestimmt super Noten in ______________________________ ______________________________ gehabt.**

Hier, eine Flasche ______________________ für dich:

x Die Familie profitiert besonders von deiner/deinem/ deinen:

- [ ] *Handwerkskünsten*
- [ ] *Geduld*
- [ ] *Umarmungen*
- [ ] *Geschichten von früher*
- [ ] ______________________________

x Fertigkeiten, die du noch drauf hast, aber in meinem Alter fast niemand mehr:

- [ ] *Kartoffeln pflanzen*
- [ ] *Sachen reparieren*
- [ ] *Kopfrechnen*
- [ ] ______________________________

Die Leute sagen,

- [ ] *wir sehen uns ähnlich.*
- [ ] *wir sehen uns nicht ähnlich.*
- [ ] *du siehst so jung aus, dass du als mein Papa durchgehst.*

x Vieles war zu deiner Zeit viel schwerer, deswegen finde ich es besonders toll, dass du/wie du:

______________________________

______________________________

Ich kann mich an dieses Lied erinnern, das du gern mit mir gesungen hast:

Ich glaube, diese Eigenschaften habe ich von dir:

- ______________________________
- ______________________________
- ______________________________

Ich glaube, dieses Aussehen habe ich von dir:

- ______________________________
- ______________________________
- ______________________________

Und ich hoffe, ich werde meine Enkel mal genauso

______________________________

Dieses Spiel hast du mir beigebracht:

______________________________

Wir wohnen so weit auseinander: __________ Kilometer.
Aber du bist mir so nah: ______________________________

Bei dir zu Hause hat mich dieser Gegenstand immer besonders fasziniert:

______________________________

Ich mag gern, wie du ______________________________ aussprichst.

Eine Liste von Dingen, die mir einfallen, wenn ich an dein Zuhause denke:

- ______________________
- ______________________
- ______________________
- ______________________
- ______________________
- ______________________

Und in deinem Garten/in deinem Viertel mochte ich das hier gern:

______________________

______________________

______________________

Ein Spielzeug, das es bei dir zu Hause gab und mit dem ich gern gespielt habe:

______________________

______________________

Das hier hast nur DU mit mir gemacht:

______________________

______________________

______________________

______________________

Eine Sommer-Erinnerung:

Eine Winter-Erinnerung:

Ein Spruch von dir, bei dem ich förmlich deine Stimme hören kann:

Wenn ich bei dir übernachtet habe, dann habe ich besonders geliebt, dass

Ich höre dir gern zu, wenn du davon erzählst:

Jetzt, wo ich groß bin, kann ich mir vorstellen, dass das hier für dich sehr schwer gewesen sein muss:

Ich bewundere dich dafür, dass

Du hast so eine reizende Schwäche für:

Was nur du kannst:

Ich glaube, weil es dich in meinem Leben gab, habe ich mich als Kind ______________________-er gefühlt.

Vor wem oder was du mich mal in Schutz genommen hast:

Wenn du geschimpft hast, hast du so etwas gesagt:

Hättest du die Herrschaft über die Welt, dann würde es ganz sicher nie an ______________________________ ______________________________fehlen.

Wenn du besonders begeistert bist, sagst du so schön:

Wenn Geld keine Rolle spielte, würde ich dir sofort das hier schenken:

Mein Lieblingsgericht bei dir zu Hause:

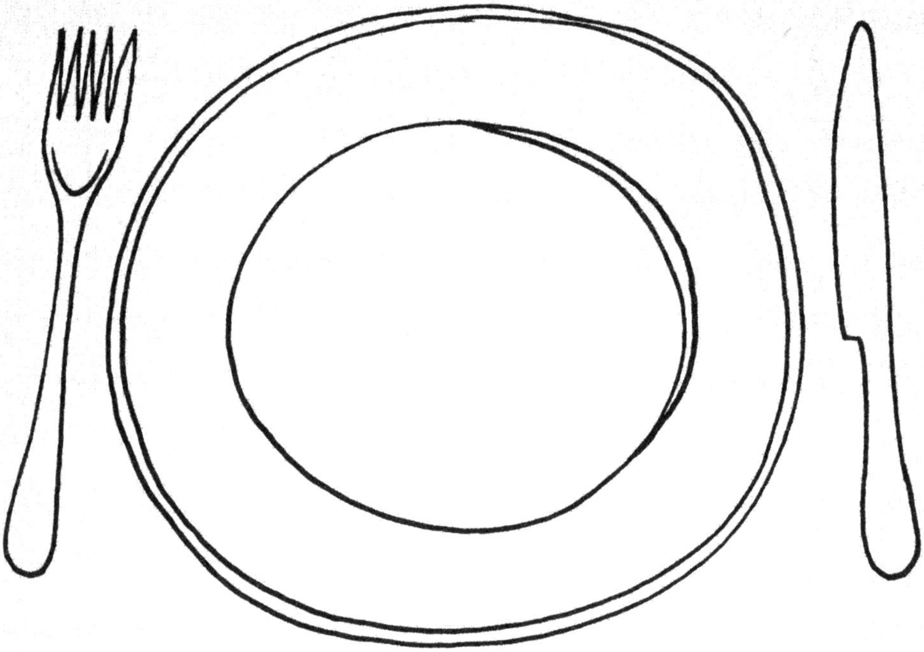

Mama/Papa ähnelt dir

- in diesen Eigenschaften: ______________________
- im Aussehen: ______________________

Worum ich deine Generation ein bisschen beneide:

______________________

______________________

______________________

Und wie ich mir überhaupt nicht vorstellen kann, dass ihr damals ohne das hier ausgekommen seid:

______________________

______________________

Eine Regel, die es nur bei dir zu Hause gab:

Deine drei Eigenschaften, die ich am liebsten mag:

- __________
- __________
- __________

Was du viel besser verstanden hast als Mama/Papa:

Ich liebe diesen typischen Humor von dir:

Deswegen verstehen wir uns so gut:

Das Schönste, das du mir mal gesagt hast, war:

Diesen Trick/Kniff habe ich von dir:

Kannst du dich daran erinnern, als wir

? Das war so schön/so lustig!

Was du im Gegensatz zu Mama/Papa nicht so bierernst genommen hast:

Mit dir konnte ich immer

Etwas, das ich daheim nicht durfte, aber bei dir schon:

Wenn alle so wären wie du, wäre die Welt viel

Wenn du ein Tier wärst, dann vermutlich:

Weil:

Was ich hoffentlich mal ähnlich gut hinbekomme wie du:

Das Schlaueste, was du mal gesagt hast, war:

× So viel Lösegeld würde ich für dich bezahlen:

Das unterscheidet dich von allen anderen Menschen auf der Welt:

Es gab eventuell eine Zeit, in der ich nicht ganz so liebenswert war. Danke, dass du mich trotzdem geliebt hast. Das war, als

Ich glaube, du wärst wahnsinnig erfolgreich in diesem Beruf gewesen: ______________________________

______________________________________________

Das glaube ich, weil ______________________________

______________________________________________

Ich bin dir unglaublich dankbar für diesen Rat:

______________________________________________

______________________________________________

______________________________________________

Müsste ich uns ein Familienwappen entwerfen, dann sähe das so aus:

Ich weiß, dass dir dieses Kleidungsstück/diese Frisur von mir überhaupt nicht gefallen hat:

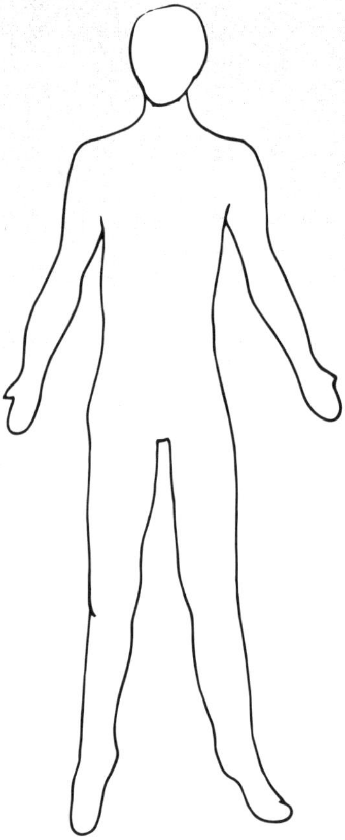

Ich rechne dir hoch an, dass du ______________________________

__________________________________________________________. Danke.

Was uns beiden zusammen Spaß macht:

- ______________________________
- ______________________________
- ______________________________
- ______________________________
- ______________________________

Wir könnten gut:

- [ ] Eine Kreuzfahrt machen
- [ ] Mit dem Wohnmobil auf Tour gehen
- [ ] Am Pool eines 5-Sterne-Hotels liegen
- [ ] Mit der Machete durch den Urwald streifen

Ich verspreche dir hiermit hoch und heilig, dass ich

______________________________________________

Und dass ich nie

______________________________________________

Wenn ich deine (wohlverdiente) Krone designen würde, sähe sie so aus:

✝ Mein Lieblingsbild von dir ist:

* Und mein Lieblingsbild von uns ist:

Ohne dich wüsste ich nichts über

Eine Geschichte, über die wir jetzt erst im Nachhinein lachen können:

Ich weiß, es fällt dir nicht leicht, das hier in meinem Leben zu verstehen:

Danke, dass du es trotzdem versuchst!

Du könntest gut in der Fernsehserie ______ ______ mitspielen. Als:

Was du besser kannst als alle anderen Menschen auf dem Planeten:

Dank dir kenne ich dieses Buch: ______________________

______________________________________________

Ich glaube, niemand außer dir mag dieses Getränk:

Als Märchengestalt wärst du: ______________________

______________________________________________

Weil: ______________________________________

Manchmal mache ich mir Sorgen, dass du

______________________________________________

______________________________________________

Etwas, das du mir über Mama/Papa verraten hast:

Es freut mich so, wenn du stolz auf mich bist. Ein besonderer Moment, in dem das so war:

✗ Aber auch ich bin stolz auf dich! Das letzte Mal war ich das, als

Ich, als renommierte/-r Astrologin/Astrologe, sage dir ein persönliches Horoskop für das nächste Jahr voraus:

Wenn ich traurig bin, tröstest du mich, indem du

✗ Darauf kannst du echt stolz sein:

✗ Was ich dich noch nie gefragt habe, aber gern wissen würde:

✗ Wäre dein Leben ein Buch, dann hätte es diesen Titel:

Diese Familienfeierlichkeit mochte ich immer gern:

Vielleicht hat man es dir nicht gesagt, aber ich weiß, dass du diesen Leuten sehr geholfen hast:

Ich würde dich sofort in dieses politische Amt wählen:

Ich habe dich besonders vermisst, als

Daran merke ich, wie wichtig ich dir bin:

Es ist schön, dich zum Lachen zu bringen. Am besten gelingt mir das so:

Ein Bettzeit-Ritual bei dir zu Hause:

Ich versuche dich hier zu porträtieren, lach bloß nicht:

Das sind typische Worte von dir:

- 
- 
- 
- 
- 

Ein Geheimnis, das wir beide haben:

Meine Lieblingsgeste von dir:

Ich finde, die beste Tat deines Lebens war:

Das schönste Geschenk, das ich je von dir bekommen habe, war:

In meiner Kindheit: ______________________

Im Erwachsenenalter: ______________________

Wenn die gute Fee mir drei Wünsche erfüllen würde, dann wünschte ich für dich:

1. ______________________________

2. ______________________________

3. ______________________________

Ich darf auch mal über dich lachen. Zum Beispiel, wenn du

______________________________

Du bist in Sachen ______________________ so herrlich unkompliziert.

Was ich versuche, ähnlich wie du zu machen:

______________________________

______________________________

Ich bin so froh, dass du nie

______________________________

dass du immer

______________________________

und dass du manchmal

______________________________

______________________________

Ich schätze deinen IQ ungefähr auf: ________________

Ein Foto, hinter dem eine schöne Erinnerung steckt:

Und zwar diese:

✗ Jeder Buchstabe deines Vornamens steht für ein Wort, das dich ausmacht (zum Beispiel ›s‹ steht für supi, ›t‹ für temperamentvoll etc.). Dein Vorname, vertikal geschrieben:

☐ steht für ______________________________

☐ steht für ______________________________

☐ steht für ______________________________

☐ steht für ______________________________

☐ steht für ______________________________

☐ steht für ______________________________

☐ steht für ______________________________

☐ steht für ______________________________

☐ steht für ______________________________

☐ steht für ______________________________

☐ steht für ______________________________

☐ steht für ______________________________

☐ steht für ______________________________

☐ steht für ______________________________

☐ steht für ______________________________

✗ Dieses gemeinsame Ritual habe ich besonders gern:

______________________________

______________________________

______________________________

Es ist schön, dass es Dinge gibt, die wir beide mögen, zum Beispiel:

- ___
- ___
- ___
- ___

Und das mögen wir beide nicht:

- ___
- ___
- ___
- ___

Ich wünschte, ich hätte gleich auf dich gehört, als du gesagt hast:

Das macht dich für andere so sympathisch:

Was du mal über die Liebe gesagt hast:

Ich würde gern mal mit dir nach:

Ich glaube, da würde es dir gefallen.

Ich glaube, deine Seele sieht ungefähr so aus:

Wenn ich dich nur mit einem einzigen Wort beschreiben müsste, dann wäre es dieses:

Ich bin so froh, dass es dich gibt! Ohne dich wäre mein Leben viel

______________________________

Auch wenn du gerade nicht da bist, muss ich sofort an dich denken, wenn

______________________________

______________________________

Dabei hast du mir mal sehr geholfen: ______________

______________________________

Danke!

Für dich würde ich folgendes Straßenschild entwerfen und vor deinem Haus aufstellen lassen:

Ich finde, du verdienst:

- [ ] *ein Erdbeereis*
- [ ] *eine Umarmung*
- [ ] *viel mehr*
- [ ] *alles Glück der Welt und ein Erdbeereis obendrauf*

In welcher Zeitschrift du eine Kolumne schreiben könntest und worüber:

______________________________________________

______________________________________________

Etwas Kluges, dass du über das Älterwerden gesagt hast:

Bei diesem Ereignis in der Zukunft wünsche ich, dass du bei mir bist:

Und was du dabei tun sollst:

Man merkt, dass wir verwandt sind, wenn

Ich finde es liebenswert, dass du immer mal wieder dieser Schwäche nachgibst:

Mein Lieblingszitat von dir:

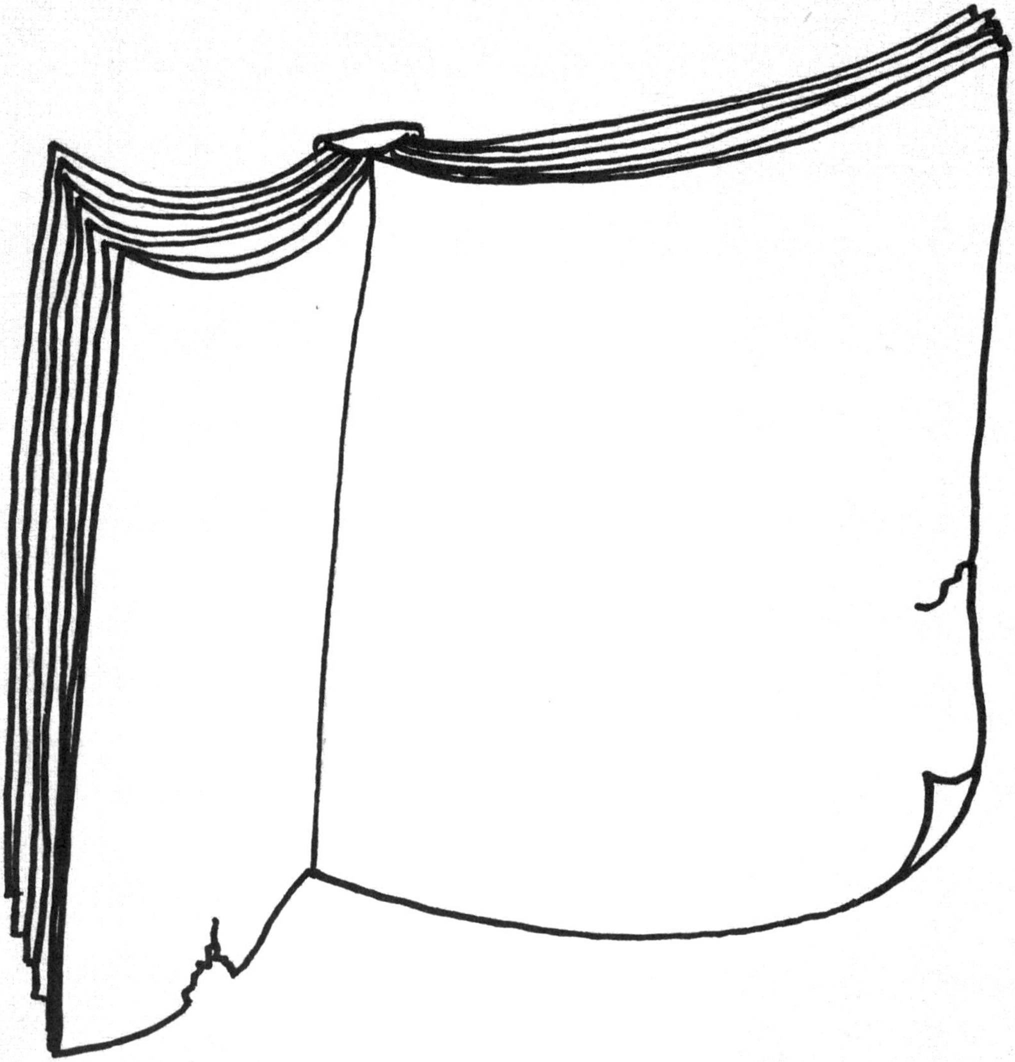

Ich hab es dir, glaube ich, noch nie gesagt, aber ich will, dass du weißt, dass ich es nicht selbstverständlich finde, dass ____________________

____________________

____________________

Wusstest du, dass dich ______________________

bewundert? Und zwar für: ______________________

______________________________________________

Könnte ich tolle Torten backen, dann stände auf deiner das hier drauf:

Nicht nur ich finde dich toll, sondern auch diese Personen:

- ______________________
- ______________________
- ______________________
- ______________________
- ______________________
- ______________________

Aber ich am allermeisten!

Mein Lieblingsbild, das bei dir zu Hause an der Wand hing/hängt:

Für die ganzen Male, die ich mich nicht bedankt habe, hier ist ein besonders schönes:

# DANKE

Das verstehe ich erst jetzt:

________________________________________

________________________________________

________________________________________

Respekt, dass du das noch gelernt hast:

________________________________________

________________________________________

________________________________________

Das hier in meiner Wohnung erinnert mich an dich:

________________________________________

________________________________________

Weil du es schätzt, habe ich versucht, etwas mehr

__________________________ zu werden. Danke!

5 Dinge, die mir sofort zu dir einfallen:

- ______________________________
- ______________________________
- ______________________________
- ______________________________
- ______________________________

Diesen Tick von dir habe ich übernommen:

______________________________

Vielen Dank auch!

Das hier, sagst du, kannst du nicht:

- ____________________: das stimmt/stimmt nicht
- ____________________: das stimmt/stimmt nicht
- ____________________: das stimmt/stimmt nicht

Wenn ich könnte, würde ich dir dieses Weh sofort abnehmen:

______________________________

______________________________

Danke, dass du mich nicht verraten hast, als

______________________________

______________________________

______________________________

Mir ist total wichtig, was du von ______________________

______________________________________________

hältst.

Dieses Gerät ist, glaube ich, extra für dich erfunden worden:

______________________________________________

In Sachen ____________________________________

hätte sogar ___________________________________

noch etwas von dir lernen können!

Ich könnte mir gut vorstellen, dass dir diese Frisur gut steht:

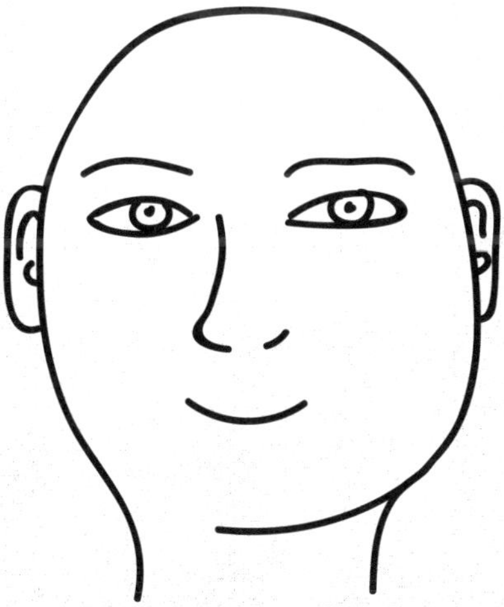

Mit dir an meiner Seite fühle ich mich immer

Worauf ich mich besonders freue, wenn wir uns sehen:

Die unglaublichste Geschichte, die du mir je erzählt hast:

Ich mag es, wenn du das zur Verabschiedung sagst:

Eine Einsicht über Beziehungen, die du mir vermittelt hast:

Eine über das Leben:

Und eine über das Glück:

✗ Ich kann mich gut an unsere Besuche in/bei

erinnern. Ich mochte daran besonders

✗ Weißt du eigentlich, dass ich das hier angestellt habe?

Was Mama und/oder Papa Schönes über dich gesagt haben:

Wenn es in meiner Macht stände, würde ich dir diese Persönlichkeit vorstellen:

Weil:

Ich habe dir als Kind gern zugesehen, wie du das hier gemacht hast:

Eine Blume oder Pflanze, die ich mit deiner Person verbinde:

Das ist: ______________________________

Das hier kann ich nur, weil es dich gibt:

Was mir von deinen Erzählungen aus deiner Kindheit am eindrücklichsten im Gedächtnis geblieben ist:

Ich glaube, das war in deiner Jugend schwerer als in meiner:

Und das leichter:

Deine Meinung zu

hat mich die Dinge aus einem neuen Blickwinkel sehen lassen.

Ich kann mich super an deine Reaktion erinnern, als ich dir vorgestellt habe:

Davor hätte ich keine Angst, wenn ich wüsste, dass du in meinem Team bist:

Wenn ich die Zeit zurückdrehen könnte, dann würde ich das hier in deinem Leben ungeschehen machen:

Wenn ich mal meinen Enkeln von dir erzähle, werde ich in meiner Erzählung vermutlich diese Worte benutzen:

- 
- 
- 
- 
- 
- 

Dass du eine Menge Geduld mit mir hast, sieht man daran, dass

Worauf ich mich freue, wenn ich mal so alt bin wie du:

Dein Haustier (oder zumindest das, das du hättest, ginge es nach mir ☺):

Wenn ich könnte, würde ich diese Veranstaltung noch mal aufleben lassen, um dort mit dir hinzugehen:

Was ich aus der Zeit meiner Kindheit mit dir am meisten vermisse:

Was ich wahnsinnig cool an dir finde:

Wenn ich mal so alt bin wie du, wünschte ich, ich wäre auch so ______________________ wie du.

Schon allein deswegen würde ich dich von Weitem in einer großen Menschenmenge erkennen:

Als Kind fand ich es lustig, wenn du dich darüber aufgeregt hast:

Der Film, in dem du die Hauptrolle spielst, hieße:

Müsste ich dir ein Tattoo entwerfen (und würdest du eins haben wollen), dann wäre es das hier:

Wenn ich nicht Angst hätte, dass man uns erwischt, würde ich hier mit dir einbrechen:

Das habe ich mal heimlich gemacht:

- [ ] Ich glaube, du hast es herausgefunden.
- [ ] Ich glaube, du hast es nicht herausgefunden.

Womit ich dich mal überrascht habe:

Es war so schön, dass du hierfür immer Zeit hattest:

In diesem Spiel habe ich dich (fast) immer geschlagen:

Eine Sendung, die ich mit dir oft und gern im Fernsehen angesehen habe:

Damit konnte man dich auf die Palme bringen:

Ein super Hausmittel, das ich von dir habe:

Ein Morgenritual bei dir zu Hause:

Bei dir habe ich immer mehr ______

bekommen und durfte mehr/öfter/länger ______

als zu Hause.

Wann ich dich besonders vermisse:

Ich bewundere diese Entscheidung, die du in deinem Leben getroffen hast:

Um dich zu drücken, würde ich ______ Kilometer fahren.

Ein Ratschlag von dir, für den ich zwar überhaupt keine Verwendung habe, der sich aber in mein Gedächtnis eingebrannt hat:

Weil es dich gibt, weiß ich, wie viel ____________

______________________________________

wert ist.

Mir ist völlig schleierhaft, wo du das gelernt hast:

______________________________________

______________________________________

Ich hatte mal große Angst um dich, als

______________________________________

______________________________________

Kannst du dich noch erinnern, wie ich zu der Narbe gekommen bin?

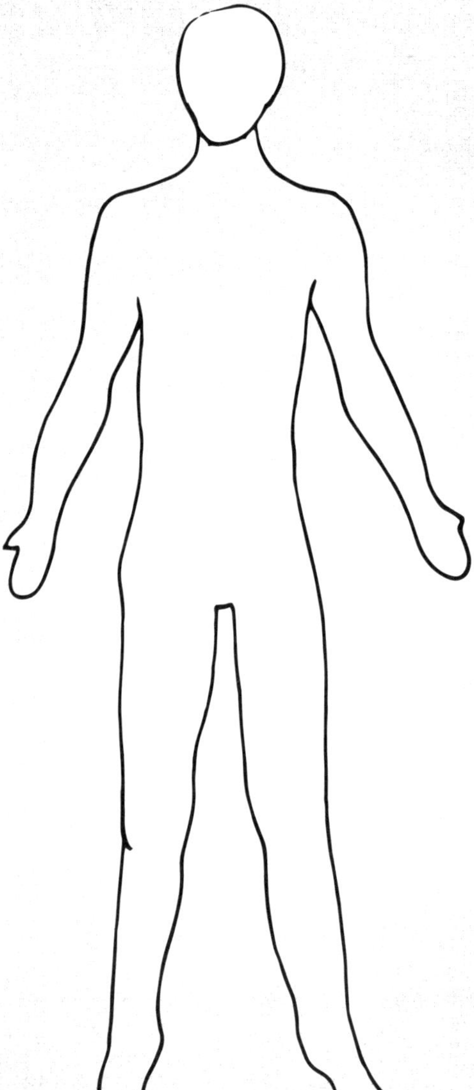

Ich mich schon, und das war so:

Ich finde es wahnsinnig lieb, dass du das hier tust:

Etwas, das du mir als Kind beigebracht/erklärt hast und das ich seither kann/weiß:

Eine Eigenschaft, die ich von dir habe und um die ich sehr froh bin:

Was dieses Fest ausmacht oder warum ich es gern noch mal erleben würde:

Wenn dein Leben ein Motto hätte, dann wahrscheinlich das hier:

Ein Familienfest, bei dem wir alle zusammen sind: ✗

Danke, dass du dir geduldig meine Flausen angehört hast und nicht versucht hast, sie mir auszureden. Unter anderem die hier:

________________________________________

________________________________________

Wenn ich dich nur überreden könnte, das hier mal ✗

auszuprobieren: ____________________________

________________________________________

Ich glaube, das würde dir gefallen!

Was ich an dir schätze, hat sich im Laufe der Jahre gewandelt. Früher war das hauptsächlich:

________________________________________

Seit ich erwachsen bin, ist das hier dazugekommen:

________________________________________

Du würdest sofort gewinnen bei: ✗

- ☐ Dschungelcamp
- ☐ Wer wird Millionär
- ☐ Das perfekte Dinner
- ☐ Die Küchenschlacht
- ☐ Das Supertalent
- ☐ Die Höhle der Löwen
- ☐ DSDS

Müsste ich auf eine einsame Insel, würde ich das hier von dir mitnehmen:

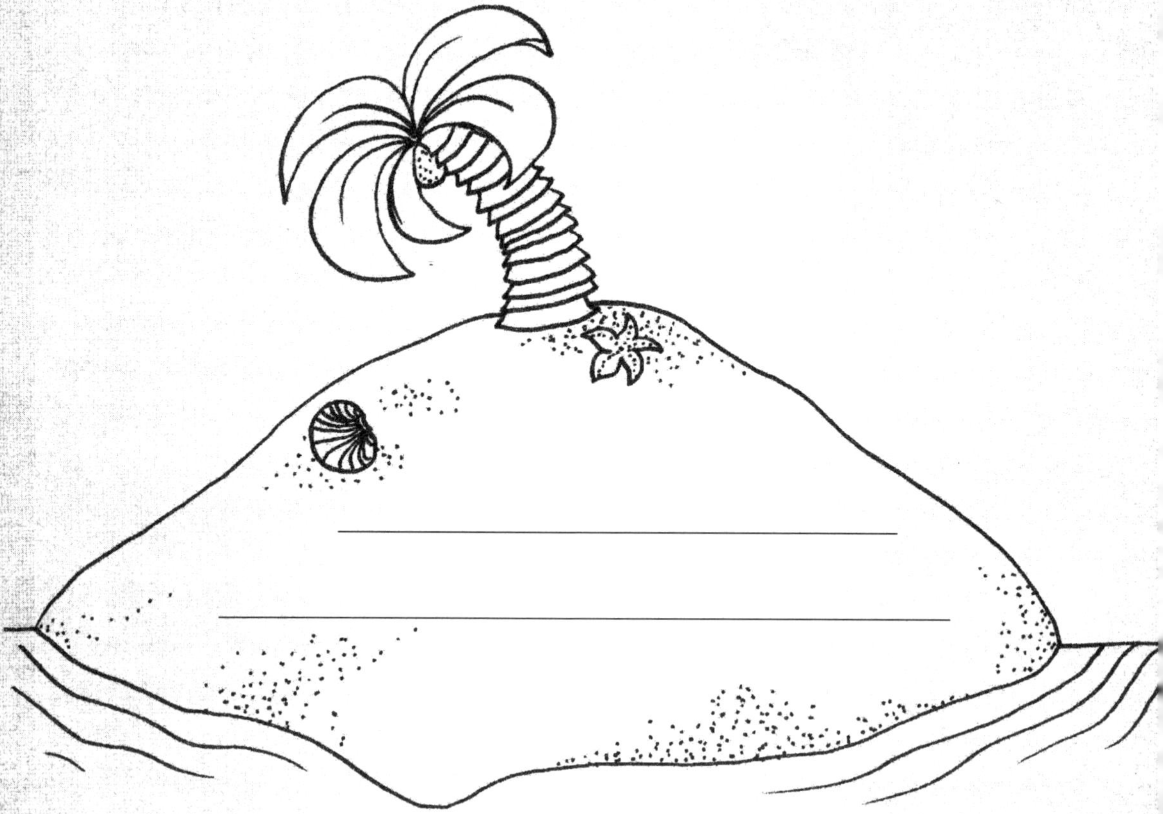

Dieses Geburtstags-/Weihnachts-/Festtagsritual habe ich von dir übernommen und zelebriere es immer wieder aufs Neue:

Was dein Zuhause für mich so gemütlich macht:

Wenn ich dich anderen beschreiben soll, dann sage ich:

Diesen medizinischen Rat von dir befolge ich:

Und diesen nicht:

Ein besonders geheimnisvoller Ort bei dir war

Ein Urteil von dir über ______________________________,
das sich leider als richtig herausgestellt hat:

Danke, dass du mit mir stundenlang

______________________________

gespielt hast.

Weißt du noch, als es mir wegen

______________________________

nicht so gut ging? Du hast mir damals sehr geholfen, indem du

______________________________

Unsere gemeinsame kleine Schwäche:

______________________________

______________________________

Diese Jahreszeit passt am besten zu dir: ____________

Und diese Eissorte: ____________

Dieser Wochentag: ____________

Dieses Getränk: ____________

Diese Farbe: ____________

Und diese Pflanze: ____________

Wenn ich am Boden bin

- [ ] *verstehst du mich*
- [ ] *richtest du mich wieder auf*
- [ ] *setzt du dich einfach dazu*

Danke.

Mit dir kann ich durch:

- [ ] *dick gehen*
- [ ] *dünn gehen*
- [ ] *dick und dünn gehen*

Würden wir zusammen ein Geschäft aufmachen, dann wäre es

________________________________________

Es wäre schön, wenn du es nicht von mir verlangen würdest, aber für dich würde ich sogar

________________________________________

________________________________________

Es ist gar nichts Besonderes, aber ich mache gern das mit dir zusammen:

________________________________________

________________________________________

Wenn ich einen Tag aus meiner Kindheit mit dir noch einmal leben könnte, dann wäre das dieser Tag:

________________________________________

________________________________________

________________________________________

________________________________________

Kannst du dich erinnern, als wir zusammen vor Lachen fast vom Stuhl gefallen sind? Das war, als

Was wir echt mal wieder tun sollten:

Egal wann, egal wie, egal warum, ich habe immer:

- [ ] einen Platz
- [ ] ein offenes Ohr
- [ ] 

für dich bereit.

Ich war so froh, dass du bei mir warst, als

Wenn ich dich besuche, freue ich mich

- ☐ *schon Stunden vorher!*
- ☐ *den ganzen Tag!*
- ☐ *Tage vorher darauf!*

Ich muss heute noch grinsen, wenn ich daran denke, wie du gesagt hast:

Das war in dieser Situation:

Mit niemandem kann ich so schön über

reden.

Das hier war ein echtes Abenteuer, das wir zusammen erlebt haben:

Und du warst besonders toll, weil du

Wenn man unsere Vornamen vermixt, gibt das diesen Namen:

Wenn wir uns eine Zeit nicht sehen, dann:

Ein Andenken einer gemeinsamen Erinnerung, die ich aufbewahrt habe, ist:
(Bilder, Fahrkarten, Eintrittskarten o. Ä. einkleben)

Ohne dich bin ich nur noch so groß:

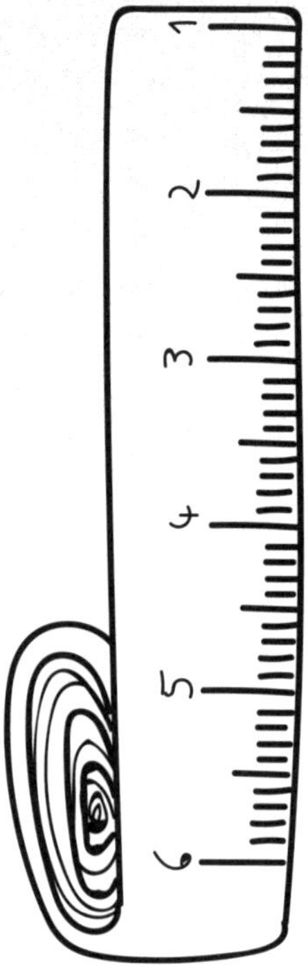


Ich weiß, du magst ____________________________

______________________________________________

besonders gern. Wenn ich könnte, würde ich dir ein ganzes Haus aus ____________________________

______________________________________________

bauen.

Du bist für mich wie ein Geschenk

- ☐ *des Himmels*
- ☐ *einer guten Fee*
- ☐ *eines lustigen Irren*

Mein Herz lacht, wenn

- [ ] die Sonne scheint
- [ ] es die blöde Kollegin auf die Schnauze haut
- [ ] ich dich glücklich sehe

Die Erde braucht Regen. Die Sonne braucht Licht. Der Himmel braucht Sterne und ich brauche

- [ ] dringend Magerquark!
- [ ] meine Ruhe!
- [ ] dich!

Diese Neuigkeit habe ich zuerst dir erzählt:

______________________________

______________________________

Dein Lieblingsschimpfwort: *

Ich kann mich gut an diesen Urlaub erinnern:

*Ein Foto davon:*

Das war in

Ich fand ihn besonders, weil

Mit dabei war/en:

So viel von meinem Herzen gehört dir:

Du wusstest noch vor mir, dass das nicht gut ausgehen würde:

Es gibt so viele Kleinigkeiten, mit denen du mich verwöhnt hast, damals und heute. Als ich klein war, hast du mich damit verwöhnt:

Du darfst mich immer anrufen, auch wenn ich gerade

- [ ] schlafe.
- [ ] bei der Arbeit bin.
- [ ] mit Freunden ausgehe.
- [ ] in der Badewanne liege.

Wäre ich Kapitän mit eigenem Boot, ich würde es nach dir benennen:

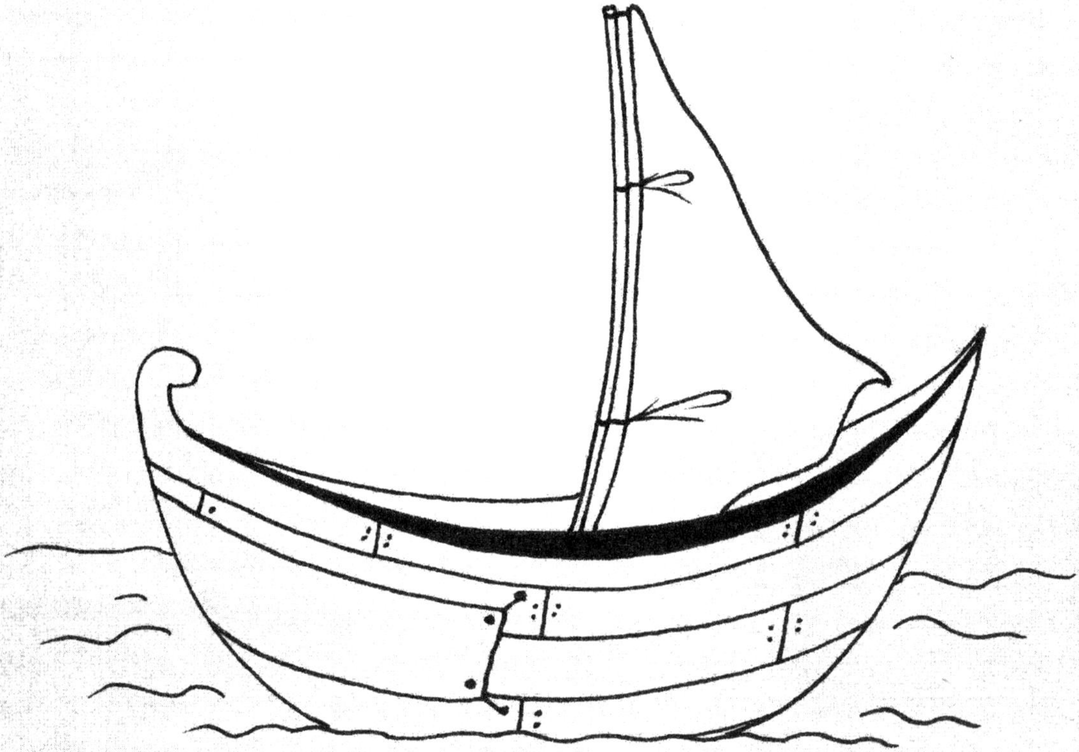

Ohne dich ist alles:

- [ ] $^1/_2$ so schön
- [ ] $^1/_4$ so schön
- [ ] $^1/_8$ so schön
- [ ] $^1/_{16}$ so schön

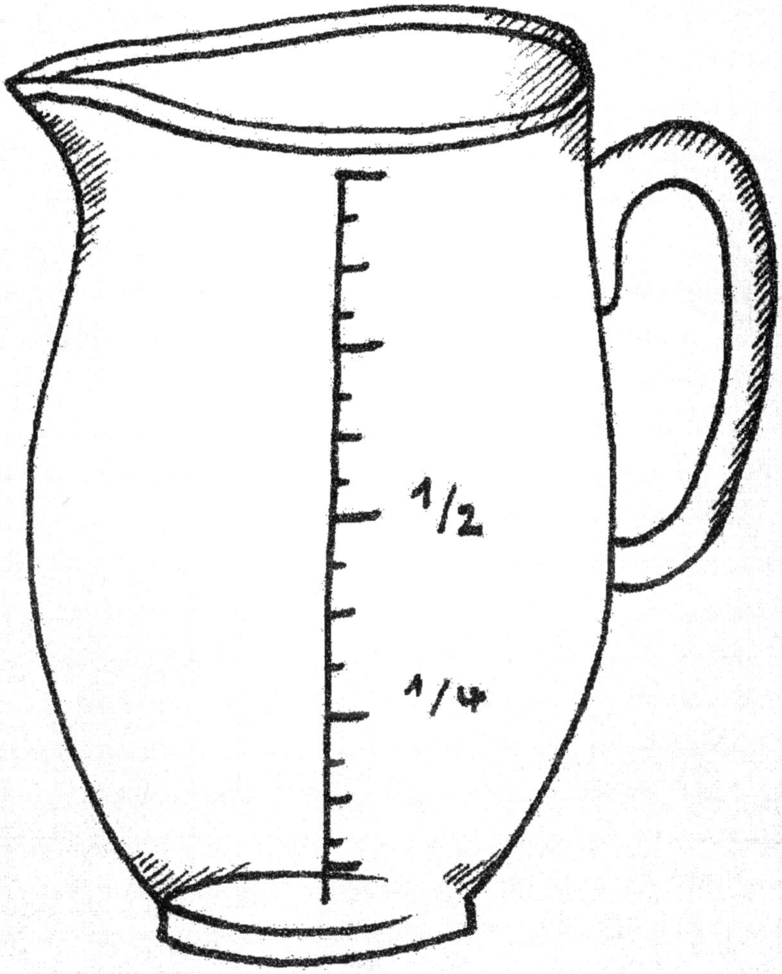

Wenn es das noch nicht gäbe, könnte ich wetten, du würdest es erfinden:

Das fand ich an Weihnachten bei dir immer besonders schön:

Ich kann mich gut an dieses Kleidungsstück von dir erinnern, als ich noch klein war:

Dadurch hast du mir Selbstvertrauen gegeben:

Woran jemand Außenstehendes sofort erkennt, dass ich mit dir telefoniere und nicht mit jemand anderem:

Was ich gern mal (wieder) mit dir unternehmen würde:

Ich rufe dich immer an, wenn

Was ich mag, wenn ich mit dir zusammen einkaufen gehe:

___

___

___

Ich weiß, du dachtest, das lerne ich nie:

___

___

___

- [ ] Du hattest recht!
- [ ] Du hattest nicht recht!

Ich mag es, wenn du erzählst, wie ich als Kind das hier gesagt/getan habe:

___

___

___

___

Du bist für mich:

- [ ] Sorgentelefon
- [ ] Retter in der Not
- [ ] Kritiker
- [ ] Mutmacher
- [ ] ___

Ich würde dir so viel von meiner Schokolade abgeben:

Mit dir wird mir nie langweilig, wir können auch zum tausendsten Mal darüber reden:

Ich hab dich lieb bis hierhin und zurück:

Damit habe ich dir mal Unrecht getan:

Das tut mir leid!

Was du mir geduldig erklärt hast, weil ich es in der Schule nicht verstanden habe:

Danke!

Wobei ich dir als Kind schon oft geholfen habe und auch heute noch gern helfe:

Bei dir habe ich das erste Mal in meinem Leben

Was dich jünger wirken lässt als andere Menschen in deinem Alter:

An deiner Art, mit Leuten umzugehen, gefällt mir besonders:

Wenn es dir mal nicht so gut geht, denk immer daran:

Ich bin heute noch froh, dass du mich überzeugt hast, das nicht zu tun:

Ich weiß, wenn du daran denkst, wie ich ______________

________________________________________________,

schlägst du die Hände über dem Kopf zusammen.

Einer der Momente bei dir, in dem ich mich wahnsinnig wohlgefühlt habe:

Auf diese Idee hier kam das Buch leider nicht, also schreibe ich es selbst:

Ich hoffe, du hast während der Lektüre mal gelacht, ich hoffe du hast viel gelächelt und vielleicht hast du dir auch mal ein Tränchen aus dem Augenwinkel gewischt. Wie ich dich kenne, hast du dir sogar ganz sicher ein Tränchen aus dem Augenwinkel gewischt. ☺ Was ich dir hier zum Schluss sagen will, ist etwas ganz Persönliches, meine Liebeserklärung an dich, den Menschen, der in meinem Leben so wichtig ist: